Les gens
sont comme ça

Philippe Delerm

Les gens sont comme ça

Et autres petites phrases métaphysiques

Éditions du Seuil
57, rue Gaston-Tessier, Paris XIXe

IL A ÉTÉ TIRÉ DE CET OUVRAGE TRENTE EXEMPLAIRES
DONT VINGT-CINQ EXEMPLAIRES DE VENTE
ET CINQ HORS COMMERCE NUMÉROTÉS DE H.C. I À H.C. V
CONSTITUANT L'ÉDITION ORIGINALE

ISBN 978-2-02-146828-1 (éd. brochée)
ISBN 978-2-02-157556-9 (éd. de luxe)

www.seuil.com

On est entré dans le temps additionnel

« On est entré dans le temps additionnel ! » Il y a un jour où cette phrase du commentateur du match de football ne s'adresse plus à des millions de téléspectateurs mais à vous seul. La métaphore vous dévoile ; vous êtes à la fois l'équipe qui mène au score et celle qui est menée. *Vous êtes l'équipe qui mène* : vous avez eu beaucoup de chance d'en arriver là, et pour ce qui est de l'avenir, vous faites preuve de la même hypocrisie que la tante Léonie de Proust : « "Je ne demande pas à aller à cent ans", répondait ma tante qui ne souhaitait pas voir assigner à ses jours un terme précis. » Mais vous êtes aussi *l'équipe qui est menée* : il ne vous est pas indifférent que le temps additionnel annoncé soit de cinq minutes au lieu de trois, une folle espérance supplémentaire s'installe dans cet intervalle.

Saurez-vous toutefois en faire un usage efficient, au point de renverser le cours du destin ? C'est improbable, mais possible – sinon, pourquoi le temps additionnel aurait-il été inventé ? De nombreux matchs de foot basculent au cours de cette période. Mais ici, l'image commence à s'essouffler, ce qui n'est guère étonnant pour un effort sportif aussi prolongé. La vie n'est pas vraiment un match, et vous n'avez aucune envie de la voir basculer – quel sens cela aurait-il de tout bouleverser à quelques secondes de finir ?

Non, le bon usage du temps additionnel est plutôt à jouer dans la conscience intrinsèque de ce cadeau miraculeux et empoisonné : du temps. Le temps, la seule chose que nous possédons, et aussi la seule qui nous échappe vraiment. Connaître la durée du temps additionnel n'est pas une abstraction pour les footballeurs : ils mesurent ainsi leurs chances de modifier le score. Mais dans nos vies, la conscience d'y entrer est d'une autre essence. Il s'agit de trouver un accord avec cette ultime palpitation, une sagesse, pourquoi pas ? Le tout est de sentir quand notre temps additionnel commence. A-t-on le choix de le savoir, ou pas ? Vous êtes votre seul arbitre.

Je ne souhaite ça à personne

C'est très rarement à propos d'une souffrance morale. Et peu souvent au sujet d'une douleur physique traduite à chaud. Le « Je ne souhaite ça à personne » ne s'exprime guère non plus par écrit. Il s'agit plutôt d'une espèce de cheville attendue, prévisible, ponctuant un long passage descriptif, dans une discussion de rencontre. Comme une précaution post-oratoire, un sceau justificatif, au cas où vous auriez trouvé l'épanchement un peu longuet. Ce n'était pas forcément nécessaire, car en écoutant vous aviez su prendre d'emblée le masque de la compassion la plus partageuse. Et vous étiez sincère. « On a toujours assez de courage pour supporter le malheur des autres », écrivait Jules Renard. À défaut, le partage imaginaire de la douleur physique ne requiert qu'une crispation poliment horrifiée du visage, qui ne se détendra qu'après le « Je ne souhaite ça à personne ».

On acquiesce en entendant cette absence de souhait. Quand même, une idée vous traverse pendant une fraction de seconde. Si la souffrance évoquée, abondamment détaillée, a été aussi vive que votre interlocuteur l'affirme, il faudrait une certaine dose de perversité pour vouloir l'inoculer à l'ensemble de l'humanité. Il est vrai qu'il s'agit de ne souhaiter ça *à personne*, c'est-à-dire même pas à la pire des pires, au pire des pires. Voilà une éradication absolue du concept même de vengeance. Mais les humains en sont-ils capables ? C'est plutôt une bonne nouvelle d'apprendre ainsi que oui, c'est le cas – un cas héroïque, car quelqu'un d'aussi profondément meurtri aurait quelque légitimité à savoir que son tourment a été connu au moins par les pires des pires. Quelquefois, le souffrant précise encore plus nettement sa pensée : « Je ne souhaite pas ça à mon pire ennemi. » On sent bien alors que c'est une figure de style, car un individu aussi parfait ne saurait avoir un pire ennemi.

Finalement, on se dit que le *Ça va ? Ça va !* expéditif n'est pas une si mauvaise entame de dialogue. Il propose après tout une vague réponse à une question vague, plus cohérent en cela que le stupéfiant *How do you do ? How do you do ?* britannique, qui répond à une question par la même question, sans le moindre simulacre envisagé de réponse. C'est que l'intrusion n'est pas dans le goût british. Va-t-on tellement plus loin dans l'échange avec le monologue de la douleur suivi du « Je ne souhaite ça à personne » ?

Il s'agit a priori d'une attitude sympathique. Mais au bout du compte, cette promesse d'une absence de méchanceté ne rejoint-elle pas les bases les plus récurrentes de la confession publique, à savoir la recherche du rapport de force, l'affirmation d'une supériorité ? À défaut d'avoir été le plus brillant, le plus talentueux, j'ai atteint les limites d'un courage que vous ne pouvez même pas imaginer. Ce calvaire que je viens de disséquer depuis un quart d'heure, vous n'en saurez que les contours. L'idée de son intensité reste mon apanage. C'est bien simple : je n'en reconnais la possession à personne.

Tu me donneras la recette

Est-ce que ça vient trop tard ? En tout cas, bien après la salve des félicitations qui ont accompagné les premières bouchées. Un presque silence masticatoire et déglutif a suivi, avec des hochements de tête approbatifs, et quelques « hmm » discrètement voluptueux. Et puis voilà. Tu me donneras la recette ! L'intonation est plus exclamative qu'interrogative. Il faut absolument que tu me donnes la recette ! En quelques mots, l'équilibre des rôles est bousculé. Les compliments qui ont précédé semblent tout à coup dérisoires. Dithyrambiques sans doute, mais surtout d'un immédiatisme beaucoup trop formel. Ils apparaissent après coup comme une espèce de carte bancaire de la politesse.

« Tu me donneras la recette » installe tellement autre chose. Le futur est d'une complicité délicieuse et légèrement perverse. Nous aurons ensemble des mots d'arrière-cuisine, de solitude à deux dès ce soir, ou lors d'une toute prochaine fois. Nous nous connaissons si bien. Je n'ai pas besoin de te tresser des louanges, mon témoignage n'est pas un usage social, il s'inscrit déjà dans la réalité de ma vie future. Je souhaite seulement faire aussi bien que toi, apporter autant de bonheur avec du temps donné. Car c'est cela une recette. Le temps contre l'argent, le silence laborieux d'une préparation contre la facilité mercantile. En disant « Tu me donneras la recette », je fais beaucoup plus que te flatter : je te prends pour modèle de la convivialité. Je ne chercherai pas à surprendre, mais humblement à imiter ta générosité.

Certes ce n'est pas une lutte, mais les autres convives se sentent dépassés. Ils pensaient avoir mis très haut la barre en manifestant rapidement leur enthousiasme. Et voilà qu'une petite incidente jetée sur le tard, parfois la bouche pleine, en dit bien davantage. Réclamer à leur tour la recette serait d'un panurgisme indécent. Et puis, ils le sentent bien, ils n'ont pas tout à fait le même statut. Car il ne s'agit pas seulement de recette, mais de proximité dans l'amitié, de passé partagé, de confidences anciennes échangées qui pour le coup n'ont rien à voir avec ce qui se mange.

Ou plutôt, c'est que manger ensemble chez quelqu'un est une cérémonie complexe, que tous les « Très simplement, à la fortune du pot ! » n'allègent en rien. C'est le contraire. En pénétrant l'intimité, vous affinez les codes, en approchant, vous dessinez les frontières de l'éloignement. Il y a bien sûr une forme de jalousie, d'exclusivité revendiquée dans cette demande. Mais un cercle d'amis est un équilibre fragile, où les mots les plus légers sont bien souvent les plus lourds. Ils ne tombent pas au hasard, dictés par une espèce de tempo que l'on ne choisit pas mais qui nous mène, et monte avec le soir, un peu d'alcool, la fatigue se mêle à l'enjouement. C'est vrai pour les desserts et c'est vrai pour la vie. Tu me donneras la recette.

Ah oui, non mais moi

« Ah oui, non mais moi… »

La prise de voix est résolue, voire assaillante. Sa véhémence se justifie par un principe d'assentiment : *Ah oui*. Ah oui, je vois bien le tableau, pardonne-moi si je ne te laisse pas aller au bout de ton propos, j'en devine si bien la substance et les contours que je peux me permettre de t'arrêter en route.

C'est quand même légèrement offensant. Ce *Ah oui* sous-entend : tu es très prévisible et résumable. Ce qui est drôle, c'est la façon dont le « non » suit immédiatement ce « oui » apparemment partageur : *Ah oui, non*. La Bruyère se régalerait. Le principe d'opposition était tellement contenu dans ma velléité d'approbation que les deux se télescopent. Oui non. Oui tu as le droit de parler, mais c'est pour m'entendre.

Car le rouleau compresseur est en marche : *Mais moi*. Mais moi : on aborde une terre bien différente, avec une intransigeance absolue, pas la moindre place pour une ébauche de compromission. Tu t'indignais, mais faiblement, tu restais dans la plainte geignarde. *Mais moi*, je fais davantage que m'insurger. Je romps les ponts, je coupe court, je décapite le problème. Tu te baguenaudais mignardement entre Alceste et Philinte, et je suis Cyrano. Tant pis pour les victimes collatérales, il faut savoir trancher.

Le proclamateur du « Ah oui, non mais moi » n'a pas de problèmes. Ni avec les faits, ni avec les mots. Enfin. Dans le domaine du langage, il a du mal à s'en tenir à cette superbe concision qu'il affichait d'emblée. Le *moi* devait être sa force. Il peut aussi devenir sa faiblesse. Il y patauge avec un tel bonheur que peu à peu les justifications s'enchaînent : curieusement il menace la façade en plantant trop d'étais. Par toutes ces phrases, il change la nature de l'assaut. Si la cible est atteinte, pourquoi poursuivre indéfiniment le tir ? Ce qui surnage désormais, c'est le désir manifeste de monopoliser la conversation, que vous ne soutenez plus qu'à petits hochements de tête de plus en plus espacés, voire légèrement dubitatifs.

Car vous le connaissez un peu. Cet intraitable

pourfendeur partage ses jours avec une compagne souvent contrariante, une progéniture adolescente non dépourvue de revendications contestataires. Au bureau, il doit certes dire son mot, mais ne pas faire du croisement de fer une religion systématique. Son « Ah oui, non mais moi » ne tiendrait-il pas davantage du principe d'intention que de l'agressivité assumée ? Ah oui, non mais tous les hommes sont les mêmes.

On refaisait le monde

On les connaît bien. En s'installant, on ose leur lancer : « Alors, de quoi parliez-vous en m'attendant ? » Petit soupir, les yeux levés au ciel, et sourire d'autodérision : « Ah là là, on refaisait le monde ! » La phrase est pratique, presque automatique, mais d'infinitésimales nuances dans la modulation suggèrent des connotations diverses.

« On refaisait le monde », comme une façon d'accueillir, avec une ironie légère et sans chichis : ne t'en fais pas, tu ne vas pas interrompre des méditations pascaliennes, on parlait vraiment de tout et de rien, plutôt de rien, on ne disait pas du mal de toi.

Mais une certaine fierté se cache souvent derrière l'humilité apparente. Oui, encore une fois, on s'était laissé entraîner à remettre en cause ce qui nous dépasse, cette course effrénée au libéralisme, par exemple. Comment une société où tout devrait être rentable pourrait-elle laisser s'épanouir l'humain ? Quand on aborde ces terres oxygénées de la conversation, on se sent pris par un élan, conforté par des assentiments réciproques, l'ivresse courroucée d'avoir raison, d'être resté un peu adolescent aussi, rebelle et réfractaire. Mais au fur et à mesure qu'on empile les exemples et qu'on propose les solutions, un léger empâtement, une petite nausée s'installent. À quoi bon avoir raison de cette manière ? À la table d'à côté, la fille qui détaille par le menu toutes ses nuits blanches de l'été semble tellement plus satisfaite.

On refaisait le monde. L'éternité du sujet nous enflamme et nous pèse.

Si seulement le monde était à faire ! Il suffirait de se retrousser les manches, d'aller à l'assaut du présent. Mais il est à refaire, et le chantier est écrasant. Il n'empêche. On éprouve toujours une satisfaction certaine à le revendiquer. Dans le fond, le constat est plutôt celui de la résignation, mais il y a une coquetterie revigorante à proclamer qu'on n'est pas dupe, et surtout que l'on a conservé une forme de romantisme, et d'humour lucide dans la défaite.

« Ah là là, avec lui, on en a passé des soirées à

refaire le monde ! » Bien sûr, cela veut dire on était jeune, on avait plein d'illusions, mais cela veut dire aussi je l'aimais, je nous aimais bien, en ce temps-là. Beaucoup de phrases commençaient par « Y a qu'à ». Des hommes politiques éminents ont fustigé les « yakas », représentants d'une philosophie bistrotière velléitaire où ils n'avaient certes guère de sympathisants.

Faut-il cependant se féliciter d'avoir tant vu se raréfier les tenants du « yaka », au salon comme au bistrot ? Les solutions qu'ils proposaient étaient sans doute trop simplistes. Mais il n'est pas plus exaltant d'accepter une société sans solutions.

Et puis, « on refaisait le monde », c'est autre chose que « y a qu'à ». « On refaisait le monde. » Le balancement est royal, l'euphonie harmonieuse. Il y a une pointe de nostalgie dans cette douce utopie qui renonce sans renoncer. Passons aux choses sérieuses, c'est-à-dire à toutes celles qui ne le sont pas. On ne t'attendait pas vraiment. On refaisait le monde.

Grazie lei

Vivo per lei. Je vis pour toi. La langue italienne ne se refuse pas l'emphase dans ce tube planétaire. Mais c'est dans l'intimité la plus brève, la plus discrète, qu'elle devient charnelle, cadeau furtif qu'on n'avait pas mérité, et qu'on ne saurait rendre, car on a déjà dit *grazie*. Un *grazie* un peu appuyé : on ne parle pas l'italien, et les seuls mots qu'on ose prononcer sont à la fois surjoués et réticents, surpris de trouver cet écho : *grazie a lei*. Merci à toi, et c'est déjà étonnant. Être *toi* quand on pensait n'être que *vous*. Mais surtout *grazie lei*, car on n'entend pas le *a*, ou, plutôt, celui qui l'a dit a fait exprès de le faire disparaître. Merci toi, merci d'être toi, le toi que je pressens, que je salue, que je caresse. Bien sûr, c'est assez ridicule de penser ça. On vous a servi une tasse de café, vous avez osé votre *grazie*, et c'était pour la serveuse un automatisme de répondre *grazie lei*. Bien sûr. Et cependant, sous la désinvolture apparente, on le recueille précieusement.

Merci à *lei*, aussi. *Lei*. Une façon plus douce et plus ailée d'être toi, d'être moi. Comme si les banalités les plus codifiées du quotidien pouvaient exprimer quelque chose, une infime atténuation du mal que l'on a tous à vivre.

La langue anglaise a un très beau raccourci, elle aussi. *I miss you*. C'est à l'autre bout de l'échelle affective. *Tu me manques*. Tu me manques, car on traduit ainsi, mais on entend quand même : *Je manque toi*. Une peine d'amour qui dit enfin sa détresse, dans un univers mental où chaque être humain doit rester une île, où l'impudeur est une faute. *I miss you* : la seule phrase pour jeter à terre tout le bel édifice des sentiments corsetés. Certains, comme le majordome pathétique des *Vestiges du jour*, préféreront mourir que desserrer les lèvres, quand tout en eux dit *I miss you*. La phrase existe pourtant, plus belle et déchirante de ne pas être prononcée. Respect pour les mots qu'on n'aura pas dits. C'est tellement anglais.

Mais c'est bon d'être au chaud sur terre en Italie. D'avoir envie de boire un café, et de dire *grazie*, et de garder quelques secondes *grazie lei*. Merci vous. Merci toi.

C'est du Feydeau[1]

« C'est du Feydeau ! » On le dit à propos d'un imbroglio amoureux inextricable, pour en condamner la mécanique complexe, avec une nuance de pitié pour cette gymnastique amoureuse réduite à des courses éperdues et des mensonges. Vu d'un peu loin, ça semble surtout fatigant.

C'est du Hitchcock ! Une fois pour toutes, on a décerné au réalisateur de *Psychose* l'apanage de la frayeur à deux mains agrippées au bord du précipice, de l'angoissant silence des oiseaux amoncelés dans la pièce fermée qui reculent perversement le moment de se déchaîner contre l'héroïne.

On ne dit plus beaucoup *C'est du Mauriac*. On

1. Merci, Nicolas Carreau.

le lit tellement moins. Dans l'euphonie même, *du Mauriac* dénonçait à merveille l'étouffement des rancœurs familiales, les turpitudes provinciales amères et pourrissantes. *C'est du Chabrol* le traduit un peu moins bien.

Mais on dit *C'est du Modiano*, même si on n'est plus dans l'équivoque de l'Occupation. *Du Modiano* : des immeubles parisiens à double entrée, par où des personnages échappent on ne sait trop à quoi, et laissent dans l'air une bouffée indécise de mystère, qui prend le nom des rues et les rend étrangères.

C'est du Mozart est incontestable, et n'évoque ni le *Requiem* ni les opéras. *Du Mozart* : une grâce répandue sur le monde, une légèreté idéale que l'on pensait n'avoir plus méritée. Bach recueille sans doute autant les suffrages des mélomanes, mais on ne s'écrie pas *C'est du Bach*, comme si l'essence de son talent ne pouvait s'accoupler à une sensation terrestre.

Il y eut une époque où le cinéma européen enfantait à la fois des univers et des styles. On se permettait facilement un *C'est du Fellini* à propos d'une scène onirique et monstrueuse. On le dit moins. Jacques Villeret pouvait se permettre d'évoquer dans un sketch l'atmosphère d'un film suédois en alternant la musicalité des coups de vent et la rudesse syncopée d'un dialogue faussement inexpressif. On ne s'y trompait pas : C'*est du Bergman*.

Parfois, le danger du hiatus fait préférer l'adjectif : on s'exclame C'*est kafkaïen*, C'*est hugolien*. Et ce serait faire injure à Marcel Proust de dire C'*est du Proust*. On se console en disant C'*est proustien*, même si on sent bien que ça ne convient pas vraiment.

C'est du… Elle est forte, cette soumission du réel au pouvoir d'un créateur, cette connivence. On parle de vie, de sensations parfois très simples, mais reconnues, filtrées par un regard. On est bien passager de la même aventure, car tout ce que l'on vit, c'est du Balzac, du Bruegel, du Truffaut, du Renoir. L'œil de l'artiste est devenu matière. C'est par lui qu'on existe.

Je veux bien, avec le fromage

Comme c'est dur, d'avoir bonne conscience ! La morale s'instille partout, la moindre situation sociale provoque la justification, aux yeux des autres et aux nôtres. Ainsi, cette proposition débonnaire d'un verre de vin rouge. Le geste de l'hôte le propose comme une évidence, la bouteille déjà brandie au-dessus de votre verre. Vous n'avez pas fait tant de manières devant l'offrande d'un verre de volnay, à l'attaque de l'épaule d'agneau. Mais là, malgré un léger début d'hébétude confortable, vous avez senti se lever un scrupule. Si la suite du scénario implique un retour en voiture, vous aurez la fermeté d'âme d'opposer une main tendue catégorique, non il est excellent, mais ça ne serait pas raisonnable.

Ce jour-là toutefois vous êtes à vingt minutes à pied, il ne pleut pas, bref, pas de diktat de renoncement. Le dilemme est entier, la balle dans votre camp. C'est là que c'est intéressant. Craignez-vous de jouer les rabat-joie, de nuancer d'une note d'austérité la partition d'une soirée devenue chaleureuse ? Non, franchement, la conversation est si enjouée que votre refus passerait inaperçu.

Il y a bien en vous une petite crispation interrogative cependant. Votre hôte l'a sentie, et son bras généreux marque un léger suspens. Ces scènes-là sont toujours jouées à l'avance, mais on préserve de son mieux son quant-à-soi. L'essentiel est de bien marquer par une infime et délicate hésitation le conflit qui vous dévore. Mais déjà il se dissipe, votre posture se détend, vous avez équitablement pesé le pour et le contre, et votre assentiment tardif s'accompagne d'une oscillation du chef tout à fait libérée, tout à fait délibérée :

– Je veux bien, avec le fromage !

Ah, ce vouloir bien avec le fromage ! C'est le sommet de la duplicité conviviale. Vous ne venez pas d'accepter un verre de ce chaleureux volnay, mais un verre de volnay *avec le fromage*, et ça n'a rien à voir. Vous vous rangez dans la pratique d'un code presque obligatoire. Vous n'avez pas voulu vexer le vin ni le fromage, ni la nécessité surtout de les associer. Vous savez bien que certains critiques gastronomiques iconoclastes remettent en cause ce mariage de deux excès, déplorent que soient toujours liés ces deux produits de caractère, trop impétueux et fiers pour se neutraliser ou se dissoudre dans la conjugalité.

Mais vous, ça vous va plutôt bien qu'il faille adouber cette union. Vous n'êtes pas un sybarite, votre goût du plaisir ne s'est livré qu'après une lutte intérieure d'une incontestable équité, dont les autres peuvent témoigner. Vous ne renoncez pas à être épicurien, mais il faut que les circonstances vous prient. Vous voulez bien, mais avec le fromage.

Moi, je crois beaucoup à ça

Une coïncidence vient d'être évoquée. Ou plutôt une sorte de prescience : je ne l'avais pas vu depuis deux ans au moins, je rêve de lui cette nuit, et je tombe sur lui dans le métro. C'est presque automatique. On veut être le premier à réagir en disant : « Moi, je crois beaucoup à ça. » Si l'on est seul avec la personne qui vient de raconter l'anecdote, on prend davantage son temps, on glisse sa répartie d'une manière plus feutrée, comme si on se parlait à soi-même. Mais les mots sont rigoureusement les mêmes : « Moi, je crois beaucoup à ça. »

Un peu étrange, cette façon de mettre en avant le moi, pour exprimer une attitude, une façon de voir que tout le monde ou presque revendique. En dépit des apparences, il ne s'agit pas d'un assentiment. Plutôt une stratégie assez spécieuse, et que l'on veut subtile, pour situer les choses sur un autre plan : toi, tu as été le théâtre de cette scène que tu avais suscitée sans le savoir, tu as eu le privilège d'en traduire le côté presque fantastique, ou en tout cas irrationnel. Bien sûr, en racontant cette rencontre, tu sous-entends que ton extrême sensibilité n'est pas étrangère à ce faux hasard. Mais moi j'extrapole, je me situe au-dessus des contingences. Car je crois beaucoup à ça. Tu as été la vedette et le sourcier d'une expérience. Mais toi c'est toi, et moi c'est moi. Je ne me contente pas d'être un libre carrefour des malices du destin. Je suis en connivence perpétuelle avec cette malice, j'en fais depuis toujours une philosophie de vie. Ce verbe *croire*, je le conjugue au présent, un présent d'éternité qui n'a pas attendu ta petite histoire pour commander mes pensées. Ton aventure suscite chez moi un petit sourire d'approbation, de confirmation : tu ne m'as rien révélé, mais tu me donnes raison.

Un peu étonnant aussi l'emploi dans cette situation du verbe *croire*. Peu de gens l'utilisent désormais de manière intransitive. Assez peu affirment dans la conversation : je crois en Dieu. Il est vrai que le bavardage est rarement propice à ce credo. Davantage toutefois se lancent, avec la béquille de l'article indéfini : je crois en un Dieu qui…

Mais qu'en est-il de croire à *ça* ? Pourquoi est-on si fier de croire à *ça* ? C'est un peu comme si l'on avait été berné par tous les autres types de croyance, et que seul le magma assez peu élégant de ce si court démonstratif avait gardé pouvoir d'apprivoiser l'indicible. *Ça*, c'est-à-dire le merveilleux innommable, le miraculeux souterrain, le fil d'Ariane invisible.

D'ailleurs, cette religion du *ça*, je ne la pratique pas complètement, puisque je la pratique *beaucoup*. Cette emphase est en fait une restriction. Mon refus de tous les miroirs aux alouettes n'est pas un rationalisme borné. Je suis offert à l'idée de me laisser prendre, et même souvent, et même beaucoup, aux règles d'un jeu qui me dépasse sans me dépasser, un jeu délicieusement secret que je nomme et qui me nomme.

Moi qui ne crois à rien, je crois beaucoup à ça.

Elle m’a fait une angine

Les mamans tutélaires des maladies enfantines. On n’oublie pas ces attentions, ces inquiétudes, et puis cette délicieuse lisière à la fin, quand on a droit à ce qu’on ne connaîtra plus jamais après – une vraie convalescence. Les mamans, quand elles parlent avec les autres mamans à la sortie de l’école, évoquent la maladie plus sèchement : *Elle a eu une angine*, ou *Elle a fait une angine*. Mais souvent, leur implication prend une forme étrange, plus agressive que tendre, plus amère que désolée : « Elle m’a fait une angine. »

Le ton est brusque, et le *m’* maussade. *Elle m’a fait*, comme un mauvais tour, une farce sournoise. Ce *m’* transforme l’angine en un mal étrange, dont la victime n’est plus qu’accessoirement la malade. Pas si redoutable en soi, l’angine devient l’instrument d’un destin accaparant.

Toutes les tâches auxquelles la maman doit faire face ne sont plus des travaux répertoriés, mais des épreuves. Il ne s'agit plus que de subir.

Dans un premier temps, des paroles de compassion vont monter du petit cercle. Ce baume était espéré, et va encourager la lamentation ; *Et juste avant la classe de neige, un moment j'ai cru qu'elle ne pourrait pas partir*. Mais, chacune à son tour, toutes les mamans vont faire état de leurs problèmes, nécessité de consulter un spécialiste à cinquante kilomètres, difficultés à composer avec un caractère ombrageux, sommes pharaoniques requises pour un équipement sportif.

Toutes ces doléances sont accueillies pour ce qu'elles sont, et les mamans n'en sont pas dupes. Avec le désagrément, elles évoquent aussi la fierté de la responsabilité, et même une volupté de la possession. Au fond, je l'aime bien, ce temps où ma petite fille m'appartient, où son mal m'envahit, où elle me fait une angine.

Il faut savoir…

La jubilation du spécialiste est presque palpable. Il exulte. Il faut savoir que le système électoral américain est très complexe. Pour presque tout le monde. Mais pas pour lui. Il analyse les principes de l'élection avec une rigueur, une clarté difficilement contenues. Il donne l'impression d'être un cheval fougueux trop souvent prisonnier d'une stalle, et que l'on vient de lâcher dans un pré.

Il va bien au-delà d'une présentation objective des modes de scrutin. Il soulève au passage les avantages du système, mais souligne aussi ses blocages et ses contradictions, ne se refuse pas à évoquer une anecdote éclairante empruntée à un passé déjà lointain. Le ou la journaliste dirigeant l'émission lui lâche la bride, n'intervient plus que par brèves incidentes encourageuses et réjouies. Entre les deux s'est installée une complicité inhabituelle. On a dépassé le code toujours un peu servile et impitoyablement minuté de l'information pour accéder à la noblesse didactique. Il s'agit d'un cours. On ne s'adresse plus à des auditeurs volontiers goguenards ou critiques, mais à des béotiens livrés à un effort scolaire rajeunissant, qui ne seront pas fâchés de partager la manne pédagogique, et de déclarer le lendemain à la cantine : « Tu ne peux pas comparer avec l'élection présidentielle française. »

Le spécialiste atteint l'apogée de sa performance quand il conclut en évoquant l'origine et la philosophie de cette loi électorale. Le « Il faut savoir » est alors renforcé par un *N'oublions pas que*... délicieusement limpide qui ramène les bases de la complexité à un principe historique ou géographique connu de tous – et qu'on avait perdu de vue dans la brillance du propos.

Mais quand il a fini, on plaint toujours un peu le spécialiste. Le temps doit lui paraître long, entre deux élections.

C'est ni fait ni à faire

Un bricolage tarabiscoté, malhabilement conçu dans son principe et horriblement réalisé, avec des salissures ; la peinture a coulé, il y a bien trop de plâtre par endroits, et pas assez ailleurs. Un raccommodage mal tricoté, avec des mailles bien trop lâches et la couleur de la laine qui ne convient pas. Un devoir déséquilibré, quelques bonnes idées, mais le plan ne mène à rien, la syntaxe est désastreuse. Sur la chemise blanche une tache de café vaguement atténuée, mais l'effort de nettoyage a dessiné une auréole bien plus vaste que le dommage originel.

« C'est ni fait ni à faire ! » Le constat est décrété avec souvent un petit pfff, un petit bof, préliminaires de commisération. Il est dur à entendre ; il intervient très vite, comme si le procureur avait plaisir à formuler son réquisitoire avec cette expression séduisante dans sa concision, sa perfection gratifiante pour le contempteur, en absolu contraste avec le travail jugé.

S'agit-il d'affirmer que le maladroit, la maladroite incriminés auraient dû faire mieux que ce qu'ils ont commis – sinon réalisé ? S'agit-il de prétendre qu'on eût été plus efficace à leur place, mais qu'on renonce devant l'ampleur de la catastrophe ?

Quelle satisfaction secrète cette notion d'irrémédiabilité procure-t-elle ? Il y a comme un prix supplémentaire donné à la vie dans cette idée que le monde est rétif, que la lutte avec les choses est difficile, et plus souvent perdue que gagnée. Ceux qui disent « C'est ni fait ni à faire » assument leur rôle de bourreau sans agressivité ni colère. Ils sont tout le contraire des tendres, qui consolent de la dureté du monde avec les mots, les gestes chauds de l'affection. Les sévères ont terriblement raison, car on est sur la terre. C'est ni fait ni à faire.

Tu vas sortir de ta zone de confort

Ah, la zone de confort ! Un concept nouveau, dont on ne sait s'il est le triomphe ou la décadence du libéralisme. Comme si le monde, hésitant à croire encore au progrès, nous désignait non plus un idéal, mais quelque chose à fuir. Zone de confort. L'accolement de ces deux mots est étrange. D'un côté une zone, un territoire indécis, abstrait, plutôt en marge, que l'article défini réduit à la pauvreté inextricable, au bout du bout d'une banlieue. De l'autre le confort, un petit rempart douillet sécrété par l'égoïsme et la fermeture. Le tout est tellement pitoyable qu'on n'ose pas déclarer *Tu es dans ta zone de confort*. Mais quel élan, quel encouragement, si vous semblez vouloir faire bouger les bases de votre existence ! *Tu vas sortir de ta zone de confort, tu ne seras plus un misérable routinier de l'existence. Tu vas respirer ample et fort. Vraiment vivre !*

C'est effrayant. Quelle était, au fond, *ma* zone de confort ? La fidélité amoureuse en faisait partie sans doute. Elle n'était pas si confortable. Plutôt un art complexe et délicat, bien plus exigeant que l'énergie de *refaire sa vie*. L'oubli est-il une vertu, un coup de sang, un fantasme ? Idem pour la fidélité en amitié. Que penser des amis qui nous encouragent à quitter notre zone de confort ? Ils ne tenaient donc pas aux rites, aux joies, aux patiences, aux concessions qui faisaient la trame de notre amitié ?

Mais peut-être, avec une part d'héroïsme, étaient-ils prêts à sacrifier tout cela pour nous voir chevaucher notre vrai destin – un tout autre métier, une passion dévorante, des rencontres fugaces et exaltées. Est-ce vraiment à nous souhaiter, si on nous aime ?

Au fond, la phrase est insultante, et très étrange. Le toi que je connais n'était pas toi. Tu te contentais de dormir dans une zone de confort.

C’est mignon

On pourrait dire *C’est joli*, ou même *C’est beau*, et souvent on le pense. Mais au moment de s’exprimer, les mots qui viennent sont seulement « C’est mignon », accompagnés d’une espèce de rétractation du visage, de petite moue auto-moqueuse. Comme une façon de se livrer à l’émotion sans s’y livrer, de marquer une légère ironie, non à propos de la scène qui nous a touchés, mais à l’égard de nous-mêmes. Il est tellement compliqué de se montrer tendre, admiratif et traversé. Pourquoi en nous cet engagement immédiat à décréter *C’est horrible, c’est monstrueux, c’est écœurant*, et cette frilosité à souligner ce qui nous a émus ?

On craint toujours de se trouver ridicule. Bien sûr, on peut voir là de la pudeur. Mais on sent bien qu’il y a autre chose, d’un peu plus dérangeant ; d'un peu plus triste. Comme si la vie, les gens n'étaient pas nés pour être beaux, et qu'au moment de mettre à mal ce théorème on ne pouvait le faire qu'au second degré, en trouvant dans le langage un subterfuge et un abri.

On le sait bien. En disant d'un garçon, d'une fille *Il est mignon*, *Elle est mignonne*, on emploie un terme à la fois laudatif et méprisant. Mignon, c'est forcément mignard, sucré. Cruel quand on évoque le physique. Mais au moral, la sentence se révèle pire encore. La gêne à déclarer *C'est beau* fait de *mignon* un curieux palliatif, qui désamorce la ferveur au moment de la laisser enfin s'épancher.

De quelle supériorité croyons-nous nous targuer, en n'osant que *mignon* ? Nous sommes étroits, rétrécis, un peu lâches. Le *mignon* sort de notre bouche et nous le regrettons aussitôt, mais il est trop tard, et c'est bien fait pour nous. Nous avons laissé passer l'occasion de faire vraiment fête à la réalité.

N'oubliez pas les paroles

Un jeu télévisé. Le candidat vient d'apprendre le titre de la chanson qu'il va interpréter, et dont il est censé connaître les paroles. À sa mine déconfite, à son haussement de sourcils, on devine qu'il se trouve dans une position inconfortable. L'orchestre a travaillé l'accompagnement, tout est en place. Mais le héros se retrouve comme dans un de ces rêves absurdes où l'on se voit tout nu au milieu d'une soirée mondaine.

C'est pire. Le public du studio connaît bien la chanson, mieux que le candidat. Dès les premiers accords, ce dernier perçoit sur toutes les lèvres et dans tous les balancements des corps un assentiment insupportable, qui le pétrifie à l'avance. Et puis *il passe à la télé* – le monde entier va connaître sa disgrâce. Aussi balbutie-t-il, avec une discrétion où l'on sent l'accent du désespoir : « Pour être honnête… » *Pour être honnête*, ce titre-là faisait partie des révisions envisagées, mais il a procrastiné, pas de chance.

Pour être honnête. Et quelquefois, *Pour être tout à fait honnête*… On se demande bien ce que l'honnêteté vient faire là. Pourquoi revendiquer une qualité morale, quand on cherche seulement à minorer le risque d'être ridicule ?

Le candidat au titre de « maestro » se trouve soudain ravalé au niveau le plus infamant de la communication audiovisuelle, celui des politiques. Oui, ce sont les politiciens qui, d'un ton bien différent, avec une arrogance coutumière, ont fini par faire passer dans l'usage le recours à la probité affichée. Dans les débats télévisés, on ne s'en offusque plus. Leur *Pour être tout à fait honnête avec vous* est toujours perçu comme l'aveu inversé de la qualité qu'ils revendiquent. Mais eux, ils n'oublient jamais les paroles.

Ça m'a fait hurler de rire

On ne prend pas l'expression au pied de la lettre. Hurler de rire, ça serait un peu dégradant, un peu ridicule. Celle qui dit « Ça m'a fait hurler de rire » ne refuse toutefois pas une certaine incongruité de son hilarité. Elle tient à suggérer qu'autour d'elle on n'a pas réagi avec la même spontanéité, le même éclat. A-t-elle été la seule à comprendre vraiment ce qui était si drôle, ou si ridicule ? Sans doute pas, elle n'était pas entourée d'imbéciles. Mais on doit pouvoir lui accorder le bénéfice d'une réactivité supérieure. Elle est à l'évidence celle qui a compris le plus vite, et, traversée par une onde d'intelligence irrépressible, n'a pas pu la réfréner.

N'a pas pu, n'a pas voulu ? Le fait qu'elle soit maintenant capable d'évoquer la scène en disant « Ça m'a fait hurler de rire » incline à pencher vers la seconde solution. Visiblement, elle est fière d'avoir pu paraître, pendant une fraction de seconde, scandaleuse par son outrance. Elle ne s'embarrasse pas de frilosité sociale. Son caractère passionné n'a rien de britannique, elle ne saurait vivre dans la retenue.

Son hurlement de rire a-t-il suscité l'adhésion ? Déclenché d'autres hurlements ? Cela serait assez flatteur pour elle, mais serait-elle la seule hurleuse, ce ne serait pas grave. Souvent, elle revendique avoir hurlé de rire dans la solitude la plus complète, en lisant un livre ou en découvrant un message sur son téléphone. Elle n'est pas spécialement joyeuse – les gens qui s'esclaffent le plus le sont rarement – mais elle déchiffre les décalages avec une intensité singulière. Et tient à faire savoir qu'elle les a déchiffrés.

C'est bien… ça

« C'est bien… ça. » Cette phrase énigmatique et creuse en apparence est la grande affaire de la pièce de Nathalie Sarraute *Pour un oui ou pour un non*. Deux amis très proches qui se sont brouillés. Ils se retrouvent, et osent aborder en face le sujet de leur éloignement. L'un des deux en ignore la cause, l'attribue au hasard, au passage des jours. L'autre au contraire en connaît parfaitement l'origine. Un jour il racontait à son ami un succès qui lui tenait à cœur. Et l'autre avait répondu, simplement : « C'est bien… ça. »

« C'est bien… ça », d'un ton distrait, comme s'il n'avait pas vraiment écouté, et la marque d'intérêt simulé était dans sa neutralité un aveu d'indifférence, et de condescendance.

« Tu ne vas pas me dire que nous nous sommes éloignés toutes ces années parce que je t'ai dit

“C’est bien… ça” ! » Mais l’autre insiste. Si, à cause de *ça*. Et aussi d’une suspension entre le *c’est bien* et le *ça*. Un temps d’arrêt poli dans son effort : je t’accorde du temps, et même un silence, comme si je donnais de l’importance à ce que tu me racontes, à ta petite victoire dont j’ai déjà oublié la nature. Mais pour l’autre, la nébulosité de la réponse est un affront.

Ce qui est fort, comme souvent au théâtre, c’est que nous, spectateurs, nous identifions aux deux personnages en même temps. Sans doute inscrit dans une mémoire informulée, nous avons le sentiment d’avoir formulé à l’occasion des « C’est bien… ça ». Nous sommes encore plus sûrs de nous l’être entendu dire – et, en cherchant bien, d’être capables de retrouver par qui et à quelle occasion. Nous sommes tous susceptibles, tous indifférents, tous égocentristes, tous méprisés.

Pour un oui ou pour un non est un très grand sujet. On pourrait tout en dire. Tout, sauf peut-être « C’est bien… ça ! »

Avé plaisir

Avant, c'était en faisant le plein à la station-service de Ribérac. Après vous avoir rendu la monnaie, la patronne avait cette façon de répondre à votre merci par un « Avé plaisir » qui vous plongeait tout de suite au Sud, même si les chipoteurs pouvaient parler d'un « midi moins le quart ». « Avé plaisir » : l'adoucissement de « l'avec » et la prolongation chantante de « plaisir » révélaient une géographie humaine, un épicurisme délibérément méridional dans la façon de prendre le temps d'être aimable. En amont, le trajet – Le Blanc, Confolens, Rochechouart, Nontron – traversait sans hâte une France bocagère ou sylvestre, qui n'était pas pressée de basculer vers autre chose – on étirait le jour en prenant un café sur la place abritée de Rochechouart, tant pis pour la moyenne.

À présent, l'autoroute permet d'aller tellement plus vite, au prix d'une abstraction enveloppante de l'espace traversé. C'est particulièrement vrai sur l'autoroute du Sud-Ouest, l'A10 n'a pas comme l'A7 les reliefs de la Bourgogne à traverser. Appeler un centre commercial autoroutier « Les Ruralies » ne fait que confirmer par un goût factice une absence de ruralité qui après tout a son charme elle aussi, tant elle promet une immersion soudaine dans le rêve de Sud, un peu comme on plongerait à la piscine dans l'élan d'un toboggan au lieu de descendre les barreaux de l'échelle. Bien sûr, les sensations doivent être différentes pour les plus jeunes, qui n'ont connu que les voyages aériens ou autoroutiers, mais pour les générations intermédiaires, l'abstraction est en quelque sorte dynamique, mystérieusement imprimée en creux de tout ce qu'on sait ne pas voir.

Et puis on sort de l'autoroute, on est si vite dans les collines au-dessus de Villeneuve-sur-Lot. Le soleil commence à peine à fléchir dans cet orange chaud qui donne à la pierre des bastides une douceur d'éternité romane. Mais c'est en longeant les vergers qu'on va sentir soudain que quelque chose est là. « On croirait la Toscane ! » En disant ça, on ne rêve pas d'Assise ou de Sienne. On salue simplement avec un peu d'emphase ce déferlement d'une blancheur pascale, ce bonheur attendu qui surprend cependant par son ampleur légère. On est au Sud.

Ajouter au panier

Elle est tellement récurrente, cette proposition des sites Internet, qu'on a fini par gommer son étrangeté. « Ajouter au panier. » On termine une commande. On s'en agace un peu, mais pas davantage que du mielleux « Il vous faudra autre chose ? » ou du quasi invasif « Ça sera tout ? » que le commerçant obséquieux vous distille comme un reproche dans la vie réelle, si insolent quand votre achat vous paraissait déjà conséquent. Non, ce n'est pas le principe, essence de la philosophie commerciale, qui vous a d'abord étonné. C'est cet emploi du mot *panier*.

Panier. Oui, on est bien devant un rectangle froid, dans les bleus et les gris, un volume anonyme posé sur un bureau plat ; on est bien dans la soumission à une série d'opérations comminatoires, auxquelles on a obéi par nécessité, avec souvent pas mal d'irritation – un peu étouffée par l'avidité du désir et l'espoir d'une délivrance prochaine. La première fois, on a trouvé que *panier* arrivait là comme un cheveu sur la soupe. Dans cette communication d'une abstraction spatiale absolue, que venait donc faire là ce panier tout frais, dont on éprouvait, en lisant le mot, le volume accueillant et la rugosité familière de l'osier ? *Panier*, ce n'était pas qu'un mot, et pas qu'une chose : une façon de vivre, plutôt un dimanche matin, *aller faire son petit marché* comme on dit, éprouver la liberté du trottoir et l'amitié ombreuse des platanes, se réjouir à l'avance de quelques mots échangés pour le plaisir, la jovialité d'un échange si facile avec le vendeur qui fait goûter un abricot, un carré de comté.

Panier. Peut-être une traduction trop littérale, avec des connotations différentes ? Mais non. Dans cet univers de communication parfaitement balisé, *panier* ne pouvait être le fruit du hasard. *Panier*, c'était en fait tout ce que le principe de la commande avait supprimé. *Panier*, c'était la mauvaise conscience de l'ordinateur, venant saupoudrer d'une fraîcheur artificielle tout ce qu'il anéantissait sans vergogne. Un vrai cynisme de la boîte froide, qui sous couvert de vous rendre service vous fait mettre la main à la poche, et vous met avec une familiarité obscène la main au panier.

Insistez bien sur l'expiration !

C'est un de ces magazines régionaux gratuits proposant toutes les ressources festives de l'été. Une page de publicité est consacrée à un professeur de yoga. Pour chaque jour de la semaine, il propose un mantra. Une devise psychologique associée à un conseil de pratique yogi. La leçon du mercredi offre des perspectives étonnantes : « J'évacue tout ce qui ne m'est plus utile. Insistez bien sur l'expiration ! »

« J'évacue tout ce qui ne m'est plus utile. » La première personne installe une connotation de soumission scolaire. Comment ce yogi peut-il sans me connaître pénétrer dans mon espace mental, savoir ce qui est bon pour moi, se substituer à ma volonté, me guider, me conduire ? Le verbe *évacuer* est brutal. Ma vie serait donc un fardeau dont je peux impunément me débarrasser ? Il ne s'agit pas d'oublier, de tenter d'effacer, mais d'évacuer, de jeter à la poubelle *ce qui ne m'est plus utile*. Des choses, des lieux, des souvenirs, des sentiments peut-être, et pourquoi pas des personnes ?

L'injonction physique est plus redoutable encore. *Insistez sur l'expiration*. Bien respirer est essentiel, il est sûrement salutaire de transformer cette activité inconsciente en talent maîtrisé. Inspirer. Expirer. C'est simple. Difficile toutefois de ne pas voir dans ce balancement un résumé de l'existence. Il y aurait donc un long premier temps d'inspiration, où l'on se remplirait de tout, rêves, désirs, amours et amitiés, jusqu'à la plénitude – et manifestement la surcharge. Et puis le temps viendrait de l'expiration, de l'abandon consenti – bénéfique apparemment, si l'on sait y *insister*. Pour se disposer à mieux inspirer de nouveau, peut-être ? Ou plus probablement se préparer à un voyage un peu plus long.

T'inquiète !

Les enfants le disent cinquante fois par jour. « T'inquiète ! » Cette injonction protectrice ne nous fait aucun effet. Car oui, on s'inquiète, pour tel ou tel trajet qui semble dangereux, ou pour le temps excessif qu'ils consacrent à l'écran de leur smartphone. Mais ce « T'inquiète » n'est pas leur apanage. On l'entend au vol sur les trottoirs, dans la bouche des jeunes adultes. Parfois, il devient presque une sorte de virgule. Beaucoup plus généralement, c'est la société entière qui nous assène son « T'inquiète », la ministre de la Santé pour les ravages du Levothyrox, le préfet de la Seine-Maritime pour le nuage apocalyptique de l'usine Seveso. Et puis le « T'inquiète » est devenu une religion, ce *feelgood* prôné par des prêtres doucereux, hommes sans colère à la mansuétude lénifiante. Dans les Maisons de la presse se déploient sans vergogne des nouveaux magazines aux titres édifiants : *Bien-être*, *Zena*, *Open mind*, *Dr Good*, *Flow*, et le plus croquignolet : *Respire*. Dans les librairies, un rayon aux couvertures bleu layette, roses ou vert pâle promet l'acceptation du Monde et de soi, et ce bien absolu : l'ataraxie, l'absence de trouble. Cela ne nous va pas.

On n'est pas sur terre pour ne pas être troublé. On n'est pas sur terre pour ne pas s'inquiéter. Sinon, on se serait fait moine. Ne touchez pas à l'inquiétude. La belle et douloureuse inquiétude. C'est elle qui fait tout le prix de la vie. On peut connaître la malchance de n'avoir personne à aimer, le malheur d'avoir perdu tous ceux que l'on aimait. Mais si on a la chance de vivre et d'aimer quelqu'un, quelques-uns, comment ne pas s'inquiéter ? C'est un étrange paradoxe qui nous mène : la sérénité ne fait pas partie du programme.

Camus écrivait : « Il n'y a rien de plus tragique que la vie d'un homme heureux. » On nous l'apprenait au lycée : une tragédie, c'est une pièce qui finit mal ; une comédie, c'est une pièce qui finit bien, grâce à de grosses ficelles qui font tomber tous les adversaires dans les bras les uns des autres. Les comédies ne valent pas par leur épilogue, mais par l'observation amusée de tous les ridicules et de tous les travers. Elles sont la vérité du cours de l'existence. Mais la vérité de la fin, c'est la tragédie. Tu l'as choisi. T'inquiète !

Ça nous fait une sortie

Ce sont les gens âgés qui disent ça. « Ça nous fait une sortie. » La résonance de cette phrase change avec le temps qui passe. Avant, elle recelait un mélange d'enjouement et de résignation. Il faut bien reconnaître qu'il n'y a pas beaucoup d'événements qui sont faits pour nous, mais on peut profiter de ceux faits pour les autres, avec une gourmandise bien sage. Faire un tour à la brocante, l'après-midi, à l'heure où les vendeurs ne font plus d'affaires. Prendre le soleil, contempler les gens, les choses. Ne rien acheter bien sûr, on ne va pas remplir la maison maintenant ! Regarder la course cycliste, même si on ne connaît ni le nom des coureurs ni le nombre de tours à faire. S'il y a des barrières, c'est qu'il y a quelque chose à voir, et puis ça ravigote, toute cette énergie déployée, tous ces maillots rutilants. Suivre le défilé des majorettes. Le feu d'artifice, c'est trop tard et on peut le voir sur le balcon. Échanger quelques phrases, on n'est pas à l'abri d'une averse, j'avais cinq degrés ce matin dans le jardin, je ne sais pas s'il n'y a pas encore plus de monde que l'année dernière, je vais rentrer faire ma soupe.

Tant que l'on peut aller chercher son pain, acheter des légumes le jour du marché, pousser deux fois par semaine jusque chez le nouveau petit boucher – il faut l'encourager, sa viande est délicieuse.

Et puis le temps se met à passer plus vite, un jour on dit à son fils : « Tu devrais prendre mon vélo, je ne m'en servirai plus maintenant. » En prononçant ce *maintenant*, on pensait juste dire les choses comme elles sont, mais on sent bien que ce *maintenant* fait un peu de peine. La voiture, je ne la prendrai plus, j'y vois trop mal, je serais un danger pour tout le monde. Même avec les lunettes spéciales, le foot j'ai du mal, et puis il y a trop d'argent.

Et puis et puis. C'est la meilleure solution, maintenant que je suis seul. Juste à dix kilomètres de chez vous, vous pourrez passer le dimanche. Il y a un grand parc, je serai comme un roi. Et puis et puis, je me sens fatigué, je crois qu'avant je n'avais jamais connu ça. La petite aide-soignante qui vient changer ma stomie le matin est adorable. Elle a du mérite, elle a deux heures de trajet. Je n'ai plus jamais faim, je n'ai plus envie de faire de la kiné l'après-midi. J'écoute surtout le petit poste, je trouve qu'il me donne plus de présence que la télé, le son bourdonne moins. Incroyable, ce truc en Chine. Ils ont parlé de chauve-souris, de pangolin, mais de laboratoire aussi. Et puis et puis, le virus est en Italie, la place Saint-Marc est déserte, alors ça, ça doit être étrange. Et puis il a gagné la France. Ce matin Coralie m'a dit qu'il y avait des cas ici. Et puis et puis mon fauteuil roulant ne me sert à rien, je ne pourrai plus vous parler qu'au téléphone. Ce qui me choque, c'est qu'à la radio ils donnent d'abord le nombre de morts, et puis après les morts dans les EHPAD. Alors, dans les EHPAD, on n'est plus vraiment des humains ? Et puis et puis, j'y pense quelquefois, avec ta mère on disait : « Ça nous fait une sortie. » C'était la vie.

Oh, un coquillage !

Il est terrible, le vieux couple des *Vacances de monsieur Hulot*. Au total, il ne doit pas habiter la pellicule plus de cinq minutes, mais tout le monde s'en souvient. La scène la plus spectaculaire est celle où Elle ramasse des coquillages – « Oh, un coquillage ! » – et les tend un par un à son époux, qui s'en débarrasse aussitôt avec une désinvolture que l'ensemble du film ne laissait pas augurer, ou espérer. Son époux. Ils sont mariés, bien sûr. Vraisemblablement sans enfants. Ils sont censés profiter. Profiter de l'été, de la plage, d'économies qui leur permettent d'être pensionnaires de l'hôtel. Mais leur profit est si rétréci, si soumis aux conventions sociales qu'on est gêné de leur gêne.

Ils ne s'aiment pas. Ne s'aiment plus, peut-être. Elle a dû être mignonne, mais ce qu'il en reste est très agaçant : une prétention au charme et à la distinction qui la fait marcher à pas presque chassés, comme une petite fille toujours prête à tirer sa révérence. D'une main Elle tient son sac, et, de l'autre, quand ils se baguenaudent au soleil, un pliant. On ne la voit jamais s'en servir, mais cette idée d'un siège portatif et fonctionnel nuit grandement à ses affectations perpétuelles d'extase romantique. Lui, il suit. Toujours au moins deux mètres derrière Elle, Il se résigne à lui emboîter le pas, mais au moins, comme ça, Il n'est pas en permanence sous le regard de sa moitié, Il échappe aux ordres.

Quand ils sont attablés au restaurant, c'est autre chose. Ils arrivent les premiers, très en avance, et n'ont rien à se dire. Heureusement, les autres pensionnaires viennent prendre place. Elle salue chacun avec un enjouement ridicule, et ponctue chacune de ses gracieusetés d'un haussement de sourcils et d'un nom murmuré pour Lui, pour qu'Il sache autant qu'Elle se conduire avec chic et procéder au cérémonial de la salutation. Il obtempère, comme un petit garçon pris en faute. Assis près de la fenêtre, Il s'embête tellement qu'Il soulève le rideau pour découvrir la plage, et échapper à la tension insoutenable du face-à-face.

« Oh, un bateau. Un autre, et encore un

autre ! Comme c'est joli ! » Il n'acquiesce même pas. C'est Elle qui a l'apanage de l'exaltation admirative. Ils vont jusqu'au terrain de tennis, et les petites allées gravillonnées perpendiculaires qui jouxtent le court sont très métaphoriques de leur raideur déambulatoire. Il a un appareil photo en bandoulière, dont Il n'a aucune envie de se servir. Son attribut de feinte décontraction, c'est sa canne, dont Il pose la poignée sur sa nuque, avec un petit air de sous-officier détaché des contingences. À la fin du film, on est sur le point de Le trouver sympathique, quand presque tout le monde snobe monsieur Hulot, à la suite de ses exploits pyrotechniques. L'éternel mari s'approche alors de l'anti-héros, le salue, lui donne son adresse. Mais Il le fait en douce, en chuchotant, sa femme pourrait entendre. Il est vraiment trop lâche.

Dans *Les Vacances de monsieur Hulot*, ils oxygènent l'ennui en Bretagne. Aujourd'hui, ils feraient la Thaïlande, peut-être même la Finlande en brise-glace. On les connaît.

Il vient du jazz

C'est une précision biographique qui donne une valeur ajoutée au talent d'un chanteur. *Il a fait dix ans de violon classique en conservatoire* est gratifiant aussi, mais pas de la même manière. Le violoniste qui se soustrait au rigorisme supposé corseté du classique a bien sûr des bases musicales solides, mais son désir d'y échapper prendra toujours la connotation d'une légère faiblesse morale, de l'attirance pour une expression moins exigeante et plus éclatante, comme un gymnaste qui deviendrait acrobate dans un cirque.

Le fait d'avoir pratiqué le jazz pourrait susciter la même méfiance. Pourtant on ne dit jamais *Il a fait partie pendant trois ans du quartet de*… On sait très bien que, pour préserver son pouvoir, l'évocation d'un passé jazzifié doit rester vague, nimbée d'une aura mystérieuse. On ne dit pas *Il a fait trois ans*, mais « Il vient du jazz ».

Il vient. Ce n'est pas une pratique sociale, mais une façon d'être, une essence nonchalante et décalée. *Jazz*. C'est vrai, maintenant que vous me dites qu'il en vient, je comprends mieux son charme. Il n'en *vient* d'ailleurs pas seulement. Il *est* jazz. Tout ce qui peut lui arriver, tout le succès qu'il connaît désormais est vécu par lui avec un léger détachement, comme si la frontière entre l'anonymat et la célébrité n'avait pour lui aucune consistance. Il nous étonne mais ne s'étonne pas. Il se meut comme un chat, aussi à l'aise sur la scène qu'il saurait l'être au bord d'un toit.

« Il vient du jazz » : comme si le jazz était toujours l'expression d'une liberté fondamentale, incorruptible, d'une rébellion que les années ont assouplie, un peu éteinte aussi, mais qui garde un pouvoir par le mot, par l'idée. Il est juste un peu différent. Il vient du jazz.

Les mots sont impuissants

« Les mots sont impuissants pour traduire l'émotion qui m'étreignit alors. » À quelques variations près, c'est la tarte à la crème pour dire en ne le disant pas l'apogée de la sensibilité. Ça ne vient pas tout de suite dans le paysage littéraire. Chateaubriand, Rousseau seront, sinon les précurseurs, du moins les utilisateurs les plus récurrents de cette pirouette qui revendique en même temps une humilité apparente de la plume et une prétention maximale à la finesse de sentir. Une bonne petite hypertrophie du moi est la compagne de cette insuffisance revendiquée du je. À la suite de François-René et de Jean-Jacques, tant d'écrivains s'inscriront au club de l'ineffable. Pratique. Je vous quitte à l'instant même où cela prendrait tout son sens de vous accompagner. Arrivé au cœur du champ de bataille je vous laisse en plan. Mais je me permets de souligner que ma lâcheté est le comble du courage. Je vous laisse en partage la perspective de ce trop que je dessine au plus subtil en m'enfuyant.

Rimbaud et Proust seront les démineurs de ces bombes d'orgueil qu'ont semées les préromantiques. Mais la postérité de l'indicible coule dans nos veines. Qui n'a pas été tenté par un « Les mots sont dérisoires » amorçant la lettre à un ami touché par un deuil ? Devant la mort, c'est vrai, la tentation est grande de refuser l'obstacle. Mais on le sent bien : les seuls mots dérisoires sont ceux qu'on ne dit pas du tout, et l'on dit un tout petit peu en évoquant les mots auxquels on s'apprête à renoncer. D'ailleurs, on ne renonce pas. Avec le préambule « Les mots sont impuissants » on a trouvé un mot de passe qui permet d'évoquer ensuite un souvenir précis, une soirée partagée, une couleur, une odeur, quelque chose qui donne la chair de poule en l'écrivant, et dont on sent qu'il a une chance de toucher juste, de faire sourire malgré le chagrin.

Dans la conversation courante, la revendication d'une grande sensibilité est toujours embarrassante. Quelqu'un qui vous dit « Avec ma sensibilité, je ne pourrais pas le supporter » vous exclut, coupe court à la communication au moment même où il prétend à une supériorité dans l'humanité. C'est davantage qu'un tic de langage : un positionnement affiché qui sape les rôles, sans s'en rendre compte, puisque vous en seriez dépourvu, ou quasiment !

Même sans en prendre conscience, il s'agit là d'une attitude littéraire, d'une proximité avec le vague des passions, la belle outrecuidance de ceux qui ont cassé le moule, d'un cousinage avec François-René, avec Jean-Jacques. En littérature comme dans la vie, on n'est jamais le bout du bout. Le Nouveau Roman ne tue pas le roman. On ne peut s'arroger le titre de chevalier de l'ineffable. Parfois les mots ne sont pas là. Mais ils peuvent venir, et c'est très consolant. L'indicible n'existe pas.

C'est que du bonheur

Bien sûr, on sait que ça veut dire « C'est un pur bonheur, c'est absolument du bonheur ! », mais on ne peut s'empêcher d'entendre aussi « C'est seulement du bonheur », et c'est toute l'équivoque de l'expression. Le *que* adverbial joue un grand rôle dans cette idée de restriction. Mais tout autant, et de manière plus inattendue l'article partitif *du*. *Du* bonheur. Un bonheur, donc, que l'on pourrait couper en tranches ou en morceaux. Voilà, ça fait une livre de bonheur, y a un peu plus, je laisse ? En fait, l'utilisation récurrente de la phrase « C'est que du bonheur » finit par entamer la place même qu'avaient fini par tenir dans l'inconscient de chacun les mots *le bonheur*. Chercher *le* bonheur et chercher *du* bonheur sont deux concepts antinomiques. Dans le premier cas, la fragilité liquide de l'article, son essence grammaticale d'article défini donnent au mot *bonheur* sa singularité, son immensité résolue, presque mélancolique à l'avance dans l'idée d'affronter les difficultés du destin. Au dix-huitième, on disait que le bonheur était une idée neuve en Europe. C'est vrai : à une époque où la plupart des humains s'étaient résignés à ce que la vie ne soit qu'une vallée de larmes à traverser vers un au-delà consolateur, on ne voulait pas le bonheur. Ils étaient parfois traversés par la joie, et le jaillissement vertical de ces quatre lettres avait à voir avec le divin, comme dans le titre de Bach *Que ma joie demeure* – mais même dans ce cas-là, la traduction tâtonne : *Jesus bleibet mein Freude*, cela veut dire *Que ma joie demeure* ou *Jésus demeure ma joie* ?

Le mot *bonheur* était un faux ami du mot français *joie*. *Bonheur* a pris toute son ampleur quand la consonne *b*, balbutiante, hésitante, a débouché sur la longueur voilée du *heur*, quand un accord avec les choses de l'ici-bas, les courbes de la planète, est devenu le bien souhaitable, une sorte de luxe douloureux. *Joie* est resté pour la transcendance, le décollage, l'extase.

Et puis sont venus d'autres mots, avec des connotations philosophiques religieuses ou parfois presque physiologiques différentes : harmonie, équilibre, zénitude, paix. La mode du *feelgood* brasse et vend à l'envi toutes ces idées, et les mâtine de *plaisir*. Cela traduit une inquiétude symétrique, et aussi sans doute un immense *feelbad*.

On dit donc « C'est que du bonheur ». On réserve quand même la phrase à des moments privilégiés, souvent chargés d'une consistance affective. Partager avec ses enfants une activité sportive, ou bien quelques instants d'intimité confiante, c'est du bonheur, incontestablement. Mais si l'on éprouve le sentiment, on ressent davantage encore la nécessité de l'estampiller, de le composter avec ces mots, comme s'il y avait une sorte d'urgence essoufflée à le reconnaître pour soi, mais en prenant les autres à témoin. Comme une méthode Coué qui dirait : j'ai choisi le bon chemin, n'est-ce pas ? Tout le monde veut *du* bonheur. Ceux qui préfèrent *le* bonheur sont un peu plus silencieux.

Alors elle,
je crois qu'elle est pire !

C'est difficile d'exister par la condamnation de ces politiques extrémistes. Dans le milieu où je suis, tout le monde est bien d'accord. Ça rappelle de mauvais souvenirs, une façon perverse de proposer des solutions radicales en jouant sur la désespérance. Derrière le propos, d'une pertinence matoise, on voit clairement se profiler un type d'inhumanité, un mélange agressif d'épaisseur et de haine. Mais quoi ? Faut-il n'en plus parler ? C'est si lassant de partager les mêmes idées. Tout juste peut-on débattre en proposant des suggestions pour lutter contre, et se résigner le plus souvent à un constat d'impuissance.

Alors, quand survient un nouveau visage, un physique différent pour revendiquer les mêmes thèses, les mêmes suffrages, on fait semblant de frissonner, mais au fond on est ravi. Ça va donner du grain à moudre, on pourra se lancer dans des comparaisons, recenser des nuances, et clamer haut et fort qu'on n'est pas dupe, et que sous ses oripeaux changeants on reconnaît le mal. Bien plus de finesse apparente chez la nouvelle diva, une presque délicatesse de porcelaine, mais avec la dureté du même métal. Ce qui fait peur aussi, ce sont ces gens autour d'elle. Ceux-là ne font pas semblant de jouer le jeu de la démocratie : ils rappellent les éphèbes démoniaques de la Nuit des longs couteaux. Ils semblent s'amuser de nous faire songer aux pires cauchemars bruns, avec leurs cheveux lisses et leurs visages pâles décadents.

Mais tout cela est trop limpide. Bien vite, on a tout pressenti – jusqu'à l'épaississement virtuel et programmé de la jeune madone. Non, à la réflexion, il n'y a pas là matière à dialectique. Le poison n'est pas si subtil. Inutile d'en disséquer toutes les fragrances nauséabondes. Et, comme toujours, on finit par s'agacer de ceux qui sont dans « notre » camp, qui pensent presque comme nous, mais croient toucher au comble de la finesse militante en avançant comme une révélation stupéfiante ce cliché si content de lui, alors qu'il a tout du pétard mouillé : Alors elle, je crois qu'elle est pire !

Les gens sont comme ça

« Les gens, quels sales types ! » disait Marcel Aymé. C'était drôle et sans rémission. Les gens, c'est-à-dire toute l'humanité sauf vous à qui je parle, sauf moi, et peut-être aussi un petit cénacle difficile à dénombrer.

Nous commençons tous des phrases par « Les gens… », et c'est pourtant si orgueilleux, si discutable de s'exclure ainsi. Quel recul, quelle domination de nos vies maladroites et tourmentées ! Nous serions donc capables de dire ce que font, ce que pensent tous les autres – sauf nous ? Une lucidité qui devrait au choix rendre l'existence insupportable ou trop limpide.

Mais non. Il y a presque toujours une petite moue de lassitude, de résignation, une oscillation latérale du chef. Que voulez-vous, « les gens sont comme ça », si individualistes et si grégaires cependant. On ne les refera pas, c'est sûr. Faut-il s'en accommoder ? À moins d'entrer dans un couvent, la réponse est oui. Alors, vivre avec eux, en conservant la restriction mentale de penser qu'on n'est pas tout à fait comme eux ?

C'est drôle. On regarde assez souvent cette émission discutable à la télévision. On l'évoque prudemment avec *des gens* qui, comme nous, affirment s'abstenir de toute dépendance télévisuelle. Mais à peine a-t-on commencé à évoquer tel aspect démagogique ou lénifiant de cette messe du prime-time qu'on trouve chez les contempteurs jansénistes d'en face une évidente familiarité avec cette cérémonie supposée méprisable. On en parle avec enjouement, et l'ironie qu'il faut pour ne pas trop déchoir. Mais quand même, a-t-on encore le droit de s'arroger la supériorité de ceux *qui ne font pas partie* ? Certes, ce n'est pas grave. Les gens c'est vous, c'est moi, c'est eux, et tous les autres aussi.

Tu me diras…

En dépit du parallélisme syntaxique, il y a un abîme entre le « Je sais ; tu vas me dire que… » et le « Tu me diras que… ». La première formule est celle du combat rapproché. Prononcée avec une volubilité offensive, elle peut contenir une bonne pointe d'agressivité – jamais très agréable d'avoir à rengainer son glaive alors qu'on venait à peine de mettre la main au fourreau. C'est le « je sais » qui change tout. Êtes-vous à ce point prévisible ? Évidemment, cela signifie que vous avez un long passé d'intimité avec votre jouteur oratoire, mais ce n'est pas très flatteur pour la souplesse de vos schémas mentaux.

À l'opposé de cette précipitation intrusive, renforcée par le futur immédiat de « tu vas me dire », le « tu me diras que… » est plus ouaté, rêveur. Une légère moue penchée l'accompagne, et les mots s'échappent dans l'atmosphère comme si, malgré les apparences, ils ne vous étaient pas destinés.

Tu me diras qu'à mon âge il n'y a plus vraiment d'urgence. Tu me diras que, vu la conjoncture, le moment n'est pas très bien choisi. Tu me diras que si c'est pour profiter de la terrasse trois fois dans l'année…

La personne se parle à elle-même. Elle ne vous dispense pas d'un éventuel avis à donner, mais votre proximité est surtout l'occasion de formuler à haute voix des pensées qui tournent dans sa tête, et que votre présence permettra de clarifier, de détacher d'un mélange confus avec de mauvais rêves, ou l'insomnie. Curieusement, si elle se confie avec un « Je me dis parfois que… », votre réaction sera davantage sollicitée, l'ouverture affective sera plus expectante. Mais « Tu me diras que… », c'est juste un peu de raisonnable que votre interlocuteur tente d'opposer à ses envies. Votre silence, un petit haussement de sourcils peuvent suffire alors à votre partition. Vous avez entendu sortir de la même bouche la plaidoirie de la défense et celle de l'accusation. Mais vous n'avez pas envie d'être juge, et même pas juré. Je ne te dirai pas.

Un soir, dans la salle…

Des documentaires télévisés sur la carrière des chanteurs. Ils passaient au début de l'après-midi, le dimanche. Des images d'archives, quelques plans insolites et récurrents qui trahissaient l'absence de moyens financiers : pour évoquer les études, toujours cette scène où l'on voyait le même professeur de faculté écrire à la craie au tableau noir dans un amphithéâtre.

Comme il s'agissait de chanteurs connus, le commentaire prenait le ton d'une narration logique qui atteindrait son but, malgré les éventuelles difficultés rencontrées. Le succès venait toujours comme une évidence, après quelques années de vaches maigres, et ce qu'il faut d'expériences chaotiques pour pimenter un scénario trop prévisible.

Mais la grande respiration du récit, c'était

une phrase qui commençait par les mots « Un soir, dans la salle… ». Un soir, dans la salle, il y avait Bruno Coquatrix, Jacques Canetti… Une personne qui avait le pouvoir de changer un destin, de transformer un rêveur en artiste patenté. C'était l'inverse du protocole de *The Voice*, les sièges rouge pétant des membres du jury qui prennent toute la lumière dans leurs retournements ostentatoires de démiurges spationautes. Ça se passait dans l'obscurité, l'anonymat. Quelqu'un dont on ne savait pas qu'il pouvait être là s'enthousiasmait dans l'ombre et la concentration silencieuse.

Cela paraissait écrit à l'avance pourtant, même si le hasard semblait seul en cause. L'absence de préméditation donnait tout son charme à la fable. Dans la contiguïté des fourmis invisibles apparemment semblables, l'une d'elles avait pouvoir de nommer la cigale, et d'inverser la cruauté de La Fontaine en lui disant : « Eh bien, chantez maintenant ! »

Nous ne sommes qu'un maillon de la chaîne

Difficile de dresser un panégyrique de soi-même. Mais là, il s'agit d'une association, dans une courte émission radiophonique consacrée à des initiatives locales. L'interviewée a semblé dans un premier temps hésitante, stressée sans doute par l'enjeu de s'exprimer sur une station nationale. Mais à présent elle est lancée, et, comme confortée par les premiers étais posés des qualités morales revendiquées, elle surenchérit avec de plus en plus d'autorité.

Elle défend une action qui s'adresse aux plus défavorisés, aux jeunes tout autant qu'aux vieux, car c'est aussi l'occasion d'un partage intergénérationnel trop rare. Bien sûr, les chômeurs et les émigrés sont plus que bienvenus, ainsi que tous ceux qui sont victimes d'une éviction sociale liée à leurs opinions politiques, à leur sexualité, à leur handicap. Les entreprises elles-mêmes sont sollicitées, et c'est l'occasion pour elles de connaître un peu mieux les gens, de reprendre contact avec la réalité du terrain, et de manifester une humanité qu'elles avaient fini par oublier dans la religion du profit.

Bref, tout le monde s'accorde et se retrousse les manches, donner c'est beaucoup mieux que recevoir, et la joie inonde les tâches les plus rebutantes.

Entraînée par son élan, la thuriféraire du projet prend toutefois peu à peu conscience que ces vertus développées dans un nirvana communautaire pourraient paraître manquer un peu d'humilité. D'un ton plus feutré, elle ajoute ce qui semble une restriction, mais joue aussi le rôle de la cerise sur le gâteau : « Nous ne sommes qu'un maillon de la chaîne. »

Cela sonne paradoxalement un peu trop, tout à coup. Toutes ces leçons de vie, toute cette bonté montée en neige, et qui n'oublie pas même d'aller jusqu'à la modestie... Vraiment parfait. Jusqu'à l'ennui, et comme un doute.

Regarde !

Ils font ça depuis qu'ils savent courir. Les rendez-vous s'y prêtent : salle des pas perdus à Saint-Lazare, quais de gare provinciaux, boulevard Richard-Lenoir. On aperçoit au loin les deux silhouettes qui s'élancent, et c'est à chaque fois le même sourire sur vos lèvres. Rien ne peut faire davantage plaisir au monde. Malgré les années, et peut-être à cause d'elles, ils veulent tant reprendre le fil de cette histoire entre vous. Rien ne le dira mieux que la vitesse de leur course. L'issue est toujours la même. Le grand gagne de peu, et ils vous tombent presque ensemble dans les bras. Souvent, ils brandissent une figurine, un trophée de pudeur : ils ont quelque chose à vous montrer, un personnage de plastique, et c'est pour ça qu'ils vont si vite. « Regarde ! »

Ils courent vers vous. Vous faites envie. Rien d'autre désormais ne le manifeste plus dans votre vie, et là, soudain, cette avalanche. Longtemps, le déclenchement de leur sprint éperdu s'est fait à la seconde où ils vous distinguaient. Et puis ils sont devenus grands, quand même, et dans leur corps qui s'allongeait on devinait une infime hésitation, peut-être un court instant la crainte d'être un peu ridicules, devant tous ces gens. Mais ils la réprimaient comme une faute, et prenaient leur départ à peine un peu plus tard. À quel moment a-t-on senti que leur élan, c'était aussi la crainte de vous attrister s'ils ne l'avaient pas eu ? On n'a pas posé la question, mais les dernières fois, quand on voyait là-bas leur maman se pencher vers eux, on pensait que c'était peut-être elle qui leur disait de s'élancer.

Bientôt, la course folle ce sera seulement une petite lumière au fond de leur regard quand ils s'approchent. C'est donné pour toujours. Ils ont couru vers vous. Ils courent encore.

Auriez-vous une petite carte ?

C'est juste avant de partir. On s'est déjà levé, on a déjà payé. On fait quelques pas, et puis on se ravise : « Auriez-vous une petite carte ? » D'un geste ample, le serveur vous désigne la pile sur le bar, à côté de la caisse.

De part et d'autre, un geste de courtoisie commerciale. Vous manifestez discrètement votre satisfaction, votre désir de revenir un jour, sans doute de réserver. Il y a de ça. Bien autre chose, aussi. En découvrant le rectangle sur fond noir, les deux pinces à linge blanches dessinées avec effet de relief sur les lettres La Corde à Linge, pourquoi cette envie d'en prendre deux, et puis quatre, après tout ? Ça leur fait de la pub, c'est là pour ça. On sent bien déjà une perversion du code. La carte annonce : La Corde à Linge, brasserie et restaurant. Mais vous vous êtes contenté de la terrasse, pour boire une bière entre amis. Bien sûr, vous avez pu lorgner quelques assiettes sympathiques servies aux tables voisines. Mais soyons franc. Vous voulez surtout garder trace de cet instant. Le soleil de juin, l'ombre du platane, cette mini-place resserrée, à l'orée du quartier de la Petite France, la chance de trouver une table libre, et qu'on vous y ait accueilli sans restriction, pour prendre un simple pot.

La carte noir et blanc, c'est juste le moment saisi, dérobé. Un marque-page idéal, c'est ça la fraude, le plaisir dévoyé. On le dégustera comme jamais dans Sherlock Holmes. Retrouver l'effroi de la lande, l'aboiement du chien des Baskerville en glissant dans les pages ce carton noir et blanc, c'est du ton sur ton. Mais au moment de refermer le livre, s'attarder quelques secondes sur le lettrage de La Corde à Linge, voir l'ombre et le soleil de la Petite France disparaître dans le brouillard british, c'est presque un peu mentir, et c'est vivre plus grand.

Mais quand même…

C'est le contraire d'une rébellion. Et aussi l'inverse d'une soumission. Les mots viennent après une petite bulle de silence. « Mais quand même… » Le ton est mélancolique, suffisamment détaché de ce qui vient d'être dit pour qu'on comprenne bien : il ne s'agit pas de remettre en cause le destin, ni le comportement des uns ou des autres. Mais c'est *quand même* un sésame rêveur, pour aborder une autre planète, où les choses se seraient passées autrement, auraient été plus justes, plus conformes à ce qu'on croit pouvoir attendre de la vie et des humains avec qui on la partage, ou croit la partager.

Bon. Les choses se sont passées ainsi. Parfois, quelqu'un enchaîne « Il faut faire avec », et l'on sent bien que ce courage invoqué ne convaincra personne. La morale du « Il faut faire avec » est trop automatique, semble presque factice à celui qui tente de la revendiquer, et plus encore à celui qui l'écoute.

D'une tout autre essence est le « Mais quand même… ». Il ose la tristesse, et parle d'autant plus à l'autre qu'il semble ne parler qu'à lui-même. Il soulève le vrai problème : on est bien sûr embarqué, passager de la vie, mais que serait la vie si elle n'était pas double – ce qu'elle est, en même temps que celle qu'elle aurait pu être ? L'acteur sait bien qu'il est dirigé, mis en scène, mais cela ne l'empêche pas d'être aussi spectateur du film, d'accepter le scénario en le détachant de lui, avec la douceur du regret ; de la blessure. On ne saura jamais, on ne voudra pas même faire le procès de ce qui nous arrive. Juste planer un peu, en retrait apparent de ce qui touche au plus profond. Mais quand même…

On va peut-être au même endroit ?

C'est tellement patent qu'on ne peut s'empêcher de formuler la phrase. Certes, on ne se connaît pas, mais on a comme eux un petit paquet cadeau à la main. Ils se sont répété à haute voix la combinaison du digicode avant de pianoter sur les touches avec une lenteur appliquée. Dans l'entrée de l'immeuble, ils ont comme nous cherché des yeux l'emplacement de l'ascenseur. Bien sûr, ils ont appuyé sur le bouton du troisième. Il n'y en a que pour une trentaine de secondes, mais ça serait un peu gênant de les vivre dans le complet silence, juste avant l'ébrouement enthousiaste de l'accueil sur le palier.

– On va peut-être au même endroit ?

– Ça se pourrait bien !

Et un furtif sourire de demi-complicité

contrainte. C'est toujours lapidaire, on n'a pas le temps de se lancer dans des explications qui seraient balayées par le C'*est vrai, vous ne vous étiez jamais rencontrés !?* des hôtes chaleureux et débordés.

Dans le brouhaha de la fête, après l'empilement des manteaux dans la chambre d'amis, on ira d'emblée vers d'autres gens que l'on voit de temps en temps, et qu'on abordera avec une effusion surjouée, comme s'il y avait un bien-être, un confort physique à échanger sans préliminaires, à manifester qu'on est en complète familiarité. Mine de rien, entre deux phrases, deux coupes de champagne et deux petits-fours, on jettera un œil sur « ceux de l'ascenseur », un peu étonnés et vaguement déçus qu'ils soient aussi à l'aise que nous. On n'aura aucune envie de les connaître davantage. On éprouve une légère jalousie, dont on se dit qu'elle est stupide, sans parvenir à la dissiper. Pourtant on le sait bien. C'est vrai pour la soirée et pour beaucoup plus tard aussi. On va certainement au même endroit.

Table

DU MÊME AUTEUR

Le Bonheur, tableaux et bavardages
Le Rocher, 1986, 1990, 1998
et « Folio », n° 4473

Le Buveur de temps
Le Rocher, 1987, 2002
et « Folio », n° 4073

Les Amoureux de l'Hôtel de Ville
Le Rocher, 1993, 2001
et « Folio », n° 3976

L'Envol
Le Rocher, 1996
Magnard, 2001
et « Librio », n° 280

Sundborn ou Les Jours de lumière
Le Rocher, 1996
et « Folio », n° 3041

La Première Gorgée de bière
et autres plaisirs minuscules
Gallimard, « L'Arpenteur », 1997

La Cinquième Saison
Le Rocher, 1997, 2000
et « Folio », n° 3826

Il avait plu tout le dimanche
Mercure de France, 1998
et « Folio », n° 3309

Panier de fruits
Le Rocher, 1998

Le Miroir de ma mère
(en collaboration avec Marthe Delerm)
Le Rocher, 1998
et « Folio », n° 4246

Autumn
Le Rocher, 1998
et « Folio », n° 3166

Mister Mouse ou La Métaphysique du terrier
Le Rocher, 1999
et « Folio », n° 3470

Le Portique
Le Rocher, 1999
et « Folio », n° 3761

Un été pour mémoire
Le Rocher, 2000
et « Folio », n° 4132

Rouen
Champ Vallon, 2000

La Sieste assassinée
Gallimard, « L'Arpenteur », 2001
et « Folio », n° 4212

Intérieur : Vilhelm Hammershøi
Flohic, 2001

Monsieur Spitzweg s'échappe
Mercure de France, 2001

Enregistrements pirates
Le Rocher, 2004
et « Folio », n° 4454

Quiproquo
Le Serpent à Plumes, 2005
et « Petits Classiques Larousse », n° 161

Dickens, barbe à papa
et autres nourritures délectables
Gallimard, « L'Arpenteur », 2005
et « Folio », n° 4696

La Bulle de Tiepolo
Gallimard, 2005
et « Folio », n° 4562

Maintenant, foutez-moi la paix !
Mercure de France, 2006
et « Folio », n° 4942

À Garonne
Nil, 2006
et « Points », nº P1706

La Tranchée d'Arenberg
et autres voluptés sportives
Panama, 2007
et « Folio », nº 4752

Au bonheur du Tour
Prolongations, 2007

Coton global
Circa 1924, 2008

Ma grand-mère avait les mêmes
Les dessous affriolants des petites phrases
« Points Le Goût des mots », 2008, 2010, 2011 et 2019

Quelque chose en lui de Bartleby
Mercure de France, 2009
et « Folio », nº 5174

Le Trottoir au soleil
Gallimard, 2011
et « Folio », nº 5403

Écrire est une enfance
Albin Michel, 2011
et « Points », nº P2976

Je vais passer pour un vieux con
et autres petites phrases qui en disent long
Seuil, 2012
et « Points », n° P3230

Les mots que j'aime
« Points Le Goût des mots », 2013, 2020

Elle marchait sur un fil
Seuil, 2014
et « Points », n° P4070

La Beauté du geste
Seuil, 2014
et « Points », n° P4687

Les Eaux troubles du mojito
et autres belles raisons d'habiter sur terre
Seuil, 2015
et « Points », n° P4422

Journal d'un homme heureux
Seuil, 2016
et « Points », n° P4668

Et vous avez eu beau temps ?
La perfidie ordinaire des petites phrases
Seuil, 2018
et « Points », n° P4932

L'Extase du selfie
et autres gestes qui nous disent
Seuil, 2019
et « Points », n° P 5274

Le Buveur de temps
Romans & récits intimes
Robert Laffont, « Bouquins », 2020

La Vie en relief
Seuil, 2021
et « Points », n° P5532

New York sans New York
Seuil, 2022
et « Points », n° 61100, sous le titre New York, New York. Une vie rêvée

Le Trottoir au soleil.
Et autres récits courts
Robert Laffont, « Bouquins », 2022

Proust instantanés
Extraits de *La Recherche* choisis et commentés
« Points Le Goût des mots », 2022

Les Instants suspendus
Seuil, 2023
et « Points », n° P6272

Le foot est une enfance
(photographies de Bruno Mazodier)
Seuil, 2024

EN COLLABORATION AVEC MARTINE DELERM

Les chemins nous inventent
Stock, 1997
et « Le Livre de poche », n° 14584

Fragiles
Seuil, 2001 et 2010
et « Points », n° P1277

Les Glaces du Chimborazo
Magnard Jeunesse, 2002, 2004

Paris, l'instant
Fayard, 2002
et « Le Livre de poche », n° 30054

Elle s'appelait Marine
Gallimard Jeunesse, « Folio Junior », n° 901

Traces
Fayard, 2008
et « Le Livre de poche », n° 32381

Le Caractère de la bruyère
Albin Michel, 2011

Secrets d'albums
Seuil, 2016

Fragments vénitiens
Seuil, 2021

Ici
Seuil, 2021

POUR LA JEUNESSE

La Fille du bouscat
Milan, 1989

En pleine lucarne
Milan, 1995, 1998
et « Folio Junior », n° 1215

C'est bien
Milan, 1995, 2009
et Milan poche, « Tranche de vie », n° 37

Surtout, ne rien faire
(illustrations d'Isabelle Chatelland)
Milan Zanzibar, n° 142, 1995

Sortilège au Muséum
(illustrations de Stéphane Girel)
Magnard, 1996, 2004
et « Folio Junior », n° 1707

La Malédiction des ruines
Magnard, 1997, 2006

C'est toujours bien
Milan, 1998
et Milan poche, « Tranche de vie », n° 40

Ce voyage
Gallimard Jeunesse, 2005

C'est trop bien
Milan, 2017

SUR L'ŒUVRE DE PHILIPPE DELERM

Philippe Delerm et le minimalisme positif
de Rémi Bertrand
Le Rocher, 2005

Philippe Delerm
Actes du colloque de Chambéry
sous la direction de Claude Cavallero
Université de Savoie, 2013

RÉALISATION : NORD COMPO À VILLENEUVE-D'ASCQ
IMPRIMERIE NORMANDIE ROTO S.A.S À LONRAI
DÉPÔT LÉGAL : OCTOBRE 2024. N° : 146828 (2402974)
IMPRIMÉ EN FRANCE